La compréhension
Reading for Meaning

Première à troisième année
Grades 1-3

Écrit par/Written by Ruth Solski
Traduit par/Translated by Sophie Campbell
Illustré par/Illustrated by S&S Learning Materials

ISBN 1-55035-825-1
Copyright 2006
Revised May 2006
All rights reserved * Printed in Canada

Published in the United States by:
On the Mark Press
3909 Witmer Road PMB 175
Niagara Falls, New York
14305
www.onthemarkpress.com

Published in Canada by:
S&S Learning Materials
15 Dairy Avenue
Napanee, Ontario
K7R 1M4
www.sslearning.com

Bilingual Workbooks in French and English

Basic Skills in Language and Mathematics for:

- French Immersion
- ESL (English as a Second Language)
- FSL (French as a Second Language)
- ELL (English Language Learners)

Congratulations on your purchase of a worthwhile learning resource! Here is a ready-to-use bilingual series for busy educators and parents. Use these workbooks to teach, review and reinforce basic skills in language and mathematics. The series' easy-to-use format provides French content on the right-facing page, and the corresponding English content on the left-facing page. Comprised of curriculum-based material on reading, language and math, these workbooks are ideal for both first and second language learners.

Wherever possible, the activities in this series have been directly translated from one language to the other. This "direct translation" approach has been used with all activities featuring core skills that are the same in both French and English. For the basic skills that differ between French and English, an "adaptation" approach has been used. In the adapted activities, the French content may be very different from the English content on the corresponding page – yet both worksheets present concepts and skills that are central to each language. By using a combination of both direct translations and adaptations of the activities, this bilingual series provides worksheets that will help children develop a solid understanding of the basic concepts in math, reading and language in both French and English.

La compréhension de textes/Reading for Meaning

La compréhension de textes/Reading for Meaning is an effective resource for teaching or reviewing writing skills. The activities in this book provide practice in the following reading skills: finding the main idea, seeing relationships, drawing conclusions, making inferences, using context clues, noting details, observing sequence, following directions and understanding vocabulary.

Also Available
French/English Practice in...

SSY1-16   **La numération/Numeration**

SSY1-17   **L'addition/Addition**

SSY1-18   **La soustraction/Subtraction**

SSY1-19   **Les sons/Phonics**

SSY1-21   **Les majuscules et la ponctuation/Capitalization & Punctuation**

SSY1-22   **La rédaction de phrases/Sentence Writing**

SSY1-23   **La rédaction de textes/Story Writing**

Des cahiers d'exercices bilingues anglais-français

Connaissances langagières et mathématiques de base en :

- Immersion française
- ALS (Anglais, langue seconde)
- FLS (Français, langue seconde)
- ALM (Anglais, langue maternelle)

Félicitations! Vous avez acquis une ressource utile! Les éducateurs et les parents occupés apprécieront les cahiers de cette série bilingue prête à utiliser. Employez-les pour l'enseignement, la révision ou le perfectionnement des connaissances langagières et mathématiques de base. Dans ces cahiers, on présente le contenu anglais sur la page de gauche et le contenu français correspondant sur la page de droite, ce qui en facilite l'utilisation. Composés de notions tirées des programmes d'études en lecture, en acquisition de la langue et en mathématiques, ces cahiers conviennent parfaitement aux élèves qui apprennent l'anglais, langue maternelle ou seconde ou le français, langue seconde.

Dans tous les cas où cela était possible, c'est-à-dire dans les cas où les connaissances fondamentales sont les mêmes, indépendamment de la langue, on a simplement traduit les exercices de la présente série de cahiers d'une langue à l'autre. En ce qui concerne les connaissances de base qui sont différentes en français et en anglais, on a plutôt « adapté » les exercices. Dans les exercices adaptés, il est possible que le contenu français soit très différent du contenu anglais de la page correspondante, mais les deux feuilles d'activités présentent des notions et des habiletés essentielles dans la langue pertinente. Grâce à la combinaison de simples traductions et d'adaptations des exercices, la présente série de cahiers constitue pour les enfants une aide à l'acquisition d'une solide compréhension des notions de base en mathématiques, en lecture et en connaissance de la langue tant en français qu'en anglais.

La compréhension de textes/Reading for Meaning

La compréhension de textes/Reading for Meaning constitue une aide efficace à l'enseignement ou à la révision des notions de rédaction de textes. Les activités du présent livre sont axées sur les connaissances qui suivent : trouver le thème principal; établir des liens; tirer des conclusions; faire des déductions; se servir d'indices en contexte; trouver des renseignements; constituer des suites ordonnées; suivre des instructions; comprendre le vocabulaire.

Sont aussi offerts :

les exercices français-anglais...

Finding the Main Idea

Circle the word in each list that **does not** belong.

1. soccer hockey baseball reading football	2. orange grapefruit potato lemon lime	3. truck car bus tractor doll
4. robin squirrel crow cardinal chick-a-dee	5. pie cookies vegetables cake pudding	6. Wednesday Christmas Halloween Easter Thanksgiving
7. dog cat gerbil canary whale	8. June Tuesday August September April	9. ceiling floor windows doors sky

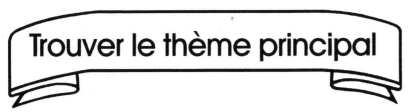

Trouver le thème principal

Dans chaque liste, **encercle** le mot qui **ne correspond pas** au thème.

1. soccer hockey baseball lecture football	**2.** orange pamplemousse concombre citron mandarine	**3.** camion automobile autobus tracteur poupée
4. merle écureuil corneille cardinal mésange	**5.** tarte biscuits légumes gâteau pudding	**6.** mercredi Noël Halloween Pâques Action de grâces
7. chien chat gerbille canari baleine	**8.** juin mardi août septembre avril	**9.** plafond plancher fenêtres portes ciel

Habileté : trouver le thème principal.

5

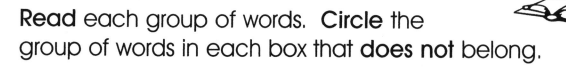

Finding the Main Idea

Read each group of words. **Circle** the group of words in each box that **does not** belong.

1. birthday cake party hats pretty presents happy children school books	2. colorful leaves frost on the grass blowing snow orange pumpkins rosy red apples	3. play in the sand make a snowman build a sand castle splash in the water look for sea shells
4. twinkling lights evergreen tree colorful balls eggs in a basket shiny garland	5. birds singing crashing thunder wind blowing lightning flashing pounding rain	6. swing on swings slide on slides play in a sand box ride the round about run to school
7. brushing my teeth riding my bike washing my face combing my hair getting dressed	8. vanilla pudding potato salad cherry pie chocolate cake oatmeal cookies	9. clowns jumping water running lions roaring horses prancing dogs dancing

Skill: Main idea.

Trouver le thème principal

Lis chaque liste de groupes de mots. **Encercle** le groupe de mots qui **ne correspond pas** au thème.

1. gâteau d'anniversaire chapeaux de fête jolis cadeaux enfants joyeux livres scolaires	2. feuilles colorées herbe gelée bourrasques de neige citrouilles oranges pommes vermeilles	3. jouer dans le sable faire un bonhomme de neige construire un château de sable patauger dans l'eau chercher des coquillages
4. lumières scintillantes sapin décoré balles colorées œufs dans un panier guirlandes multicolores	5. oiseaux qui chantent tonnerre qui gronde vent qui souffle éclairs qui strient le ciel pluie qui s'abat	6. se balancer sur une balançoire glisser sur une glissoire jouer dans un carré de sable faire un tour de manège se rendre à l'école en courant
7. me brosser les dents me promener à vélo me laver le visage me peigner les cheveux m'habiller	8. crème à la vanille salade de pommes de terre tarte aux cerises gâteau au chocolat biscuits à l'avoine	9. clowns qui sautent eau qui coule lions qui rugissent chevaux qui caracolent chiens qui dansent

Habileté : trouver le thème principal.

Finding the Main Idea

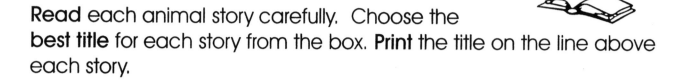

Read each animal story carefully. Choose the **best title** for each story from the box. **Print** the title on the line above each story.

Striped Horses	A Useful Trunk	King of the Beasts
People-like Animals	Animal Skyscrapers	Hunters Beware!

1. _____

Tigers have a rusty-yellow coat with black stripes. Some tigers are bigger than the largest lions. They hunt for deer, wild pigs and monkeys just before and after sunset.

Tigers fear only people with guns who hunt them for their skins.

2. _____

Zebras look very much like horses. There are four kinds of zebras. The best known ones are white with black stripes all over their bodies.

Zebras live on the plains or in the mountains of Africa. They feed on grass.

3. _____

Giraffes are the tallest living mammals. Their bodies are tan colored with big brown spots. They are found only in Africa.

Giraffes stretch their long necks to eat the leaves found on the branches of tall trees. They grab the branches with their long tongues and then bite them off with their sharp teeth.

4. _____

The gorilla is the largest of the apes and looks somewhat like a person.

During the day, they look for food to eat. When gorillas get dirty, they clean themselves, and when they get tired, they rest. Adult gorillas are very brave and will protect their family from danger.

Trouver le thème principal

Lis chaque histoire attentivement. Dans l'encadré, choisis le **titre** qui correspond **le mieux** à chacune d'elles et **inscris**-le sur la ligne prévue à cet effet.

Les chevaux rayés	Une trompe utile
Le roi des animaux	Des animaux qui nous ressemblent
Les gratte-ciel de la jungle	Chasseurs et animaux : attention!

1. _____

Les tigres ont un pelage roux-jaunâtre avec des rayures noires. Certains tigres dépassent en taille les lions les plus gros. Ils chassent le cerf, le sanglier et le singe juste avant et après le coucher du soleil.

Les tigres n'ont peur que des gens qui ont un fusil et qui les chassent pour leur pelage.

2. _____

Le zèbre ressemble beaucoup au cheval. Il existe quatre types de zèbres. Le mieux connu est celui dont la robe est blanche et recouverte de rayures noires.

Le zèbre vit dans les plaines ou les montagnes d'Afrique. Il se nourrit d'herbage.

3. _____

La girafe est le plus grand des mammifères existants. Son corps est de couleur ocre et il est recouvert de grosses taches brunes. La girafe vit en Afrique.

La girafe étend son long cou pour manger les feuilles des branches de grands arbres. Elle saisit les branches à l'aide de sa longue langue et les arrache d'un coup de dents pointues.

4. _____

Le gorille est le plus gros des singes et ressemble un peu à une personne.

Une famille de gorilles vit et se déplace ensemble. Le jour, ses membres cherchent de quoi se nourrir. Quand les gorilles sont sales, ils se lavent et quand ils sont fatigués, ils se reposent. Les gorilles adultes sont très braves et protègent leur famille du danger.

Seeing Relationships

Underline the word in each group that doesn't belong.

1.	jumping	leaping	swimming	hopping
2.	path	road	trail	book
3.	blue	yellow	orange	broken
4.	bed	tent	bunk	cot
5.	floor	wall	door	yard
6.	toad	frog	turtle	owl
7.	begin	go	start	stop
8.	hum	tears	whistle	sing
9.	butter	cream	milk	eggs
10.	supper	breakfast	food	dinner
11.	pig	horse	sheep	lion
12.	coat	shovel	hat	gloves

Skill: Classifying Words.

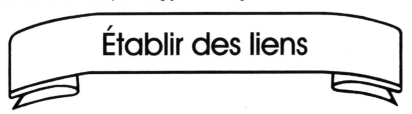

Établir des liens

Souligne le mot qui n'a pas sa place dans les groupes suivants.

1.	sauter	bondir	nager	sautiller
2.	chemin	route	sentier	livre
3.	bleu	jaune	orange	brisé
4.	lit	tente	berceau	hamac
5.	plancher	mur	porte	cour
6.	crapaud	grenouille	tortue	hibou
7.	commencer	amorcer	débuter	arrêter
8.	fredonner	larmes	siffler	chanter
9.	beurre	crème	lait	œufs
10.	souper	déjeuner	nourriture	dîner
11.	cochon	cheval	mouton	lion
12.	manteau	pelle	chapeau	gants

Habileté : classer les mots

Seeing Relationships

Use the words in the box to finish the sentences.

1. Baseball, hockey, and soccer are all
   _____.

2. Green, purple, and pink are all
   _____.

3. Robins, bluejays, and crows are all
   _____.

4. Boots, hats and coats are all
   _____.

5. Chairs, beds, and lamps are all
   _____.

6. Dogs, cats, and hamsters are all
   _____.

7. Apples, pears, and oranges are all
   _____.

8. Spring, summer, and fall are
   _____.

9. Tulips, roses, and daffodils are all
   _____.

10. Six, seven and eight are all
    _____.

11. April, May, and June are all
    _____.

12. Tuesday, Friday and Monday are all
    _____.

| days |
| fruits |
| clothes |
| furniture |
| pets |
| seasons |
| numbers |
| sports |
| flowers |
| colors |
| months |
| birds |

Skill: Classifying Words.

Établir des liens

Utilise les mots de l'encadré pour terminer les phrases suivantes.

1. Le baseball, le hockey et le soccer sont tous des _____.

2. Le vert, le violet et le rose sont tous des _____.

3. Les merles, les geais bleus et les corneilles sont tous des _____.

4. Les chaussettes, les chemises et les manteaux sont tous des _____.

5. Les chaises, les lits et les tables sont tous des _____.

6. Les chiens, les chats et les hamsters sont tous des _____.

7. Les pommes, les poires et les oranges sont des _____.

8. Le printemps, l'été et l'automne sont des _____.

9. Les tulipes, les roses et les jonquilles sont toutes des _____.

10. Six, sept et huit sont des _____.

11. Avril, mai et juin sont des _____.

12. Mardi, vendredi et lundi sont des _____.

jours
fruits
vêtements
meubles
animaux de compagnie
saisons
nombres
sports
fleurs
couleurs
mois
oiseaux

Habileté : classer les mots.

Seeing Relationships

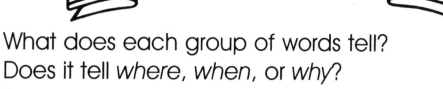

What does each group of words tell?
Does it tell *where*, *when*, or *why*?
Print the word **where**, **when**, or **why** on the line provided after each group of words.

1. two weeks ago _____

2. at the witch's house _____

3. because of the noise _____

4. yesterday _____

5. at the edge of the forest _____

6. on stormy nights _____

7. because she was tired _____

8. nearly midnight _____

9. because they were kept awake _____

10. in an old friendly house _____

11. because the dogs howled _____

12. going tomorrow _____

13. in a helicopter _____

14. at the castle _____

15. near the bus stop _____

16. on February 14 _____

Skill: Classifying Groups of Words.

Établir des liens

Qu'est-ce que ces groupes de mots indiquent?
Indiquent-ils *où*, *quand* ou *pourquoi*?
Inscris le mot **où**, **quand** ou **pourquoi** sur la ligne prévue à cet effet.

1.   il y a deux semaines _____

2.   à la maison de la sorcière _____

3.   à cause du bruit _____

4.   hier _____

5.   à l'orée du bois _____

6.   les soirs de tempête _____

7.   parce qu'elle était fatiguée _____

8.   près de minuit _____

9.   parce qu'ils sont restés éveillés _____

10.   dans une vieille maison accueillante _____

11.   parce que les chiens hurlaient _____

12.   à partir de demain _____

13.   dans un hélicoptère _____

14.   au château _____

15.   près de l'arrêt d'autobus _____

16.   le 14 février _____

Habileté : classer des groupes de mots.

Seeing Relationships

Read each **riddle** carefully.
Find the answer in the pumpkin. Write the answer on the line provided.

1. My tall hat and broom tell you who I am.

   _____

2. Some people are afraid of me and some are not. Cats chase me.

   _____

3. I live in a haunted house. I am white as a sheet.

   _____

mice   owl   ghost   costumes   cat   bats   cauldron   witch

4. I am a witch's pet. I ride on her broomstick.

   _____

5. My eyes are large and round. My beak is strong. I hunt at night.

   _____

6. We are worn by children on Halloween night to scare you.

   _____

7. We fly at night. During the day we sleep upside down in old buildings.

   _____

8. The witch uses me when she makes her magic brew. I am large and black.

   _____

Skill: Drawing Conclusions.

Établir des liens

Lis chaque **devinette** attentivement.
Inscris la réponse que tu trouveras dans la citrouille
sur la ligne prévue à cet effet.

1. J'ai un grand chapeau et un balai.

   _____

2. Certaines personnes ont peur de moi,
   d'autres non. Les chats aiment me
   poursuivre.

   _____

3. Je vis dans une maison hantée. Je suis blanc
   comme un drap.

   _____

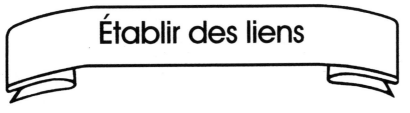

souris   hibou

fantôme   chat

costumes

chauves-souris

chaudron

sorcière

4. Je suis l'animal de compagnie de la sorcière.
   Elle me transporte sur son balai.

   _____

5. Mes yeux sont gros et ronds. Mon bec est robuste. Je chasse la nuit.

   _____

6. Les enfants nous portent le soir de l'Halloween pour vous faire peur.

   _____

7. Nous volons la nuit. Durant le jour, nous dormons la tête en bas
   dans de vieux édifices.

   _____

8. La sorcière m'utilise lorsqu'elle prépare sa potion magique.
   Je suis gros et noir.

   _____

Habileté : tirer des conclusions.

Drawing Conclusions

Read the clues in each box carefully.
Find the **name of the place** the clues are
describing in the stack of books. Write the word on the line
provided.

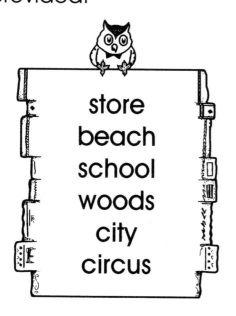

store
beach
school
woods
city
circus

1. sand and water
   hot sun
   children in swimsuits
   picnic lunches

   _____

2. a lot of books
   pencils, crayons, paints
   chalkboards, chalk, a lot of
   children

   _____

3. cool and leafy and green
   huge tree trunks
   a hopping rabbit
   birds chirping

   _____

4. cars, trucks, vans
   honking, banging
   stop signs, stop lights
   many people hurrying

   _____

5. tents and clowns
   noisy people and animals
   excitement, clapping
   elephants doing tricks

   _____

6. coats, dresses, shoes
   people shopping
   clerks wrapping things
   toys for children

   _____

Skill: Using Descriptive Vocabulary to Identify a Place.

Tirer des conclusions

Lis les indices dans chaque encadré attentivement.
Trouve le **nom de l'endroit** que décrivent les indices sur la pile de livres. Inscris le mot sur la ligne prévue à cet effet.

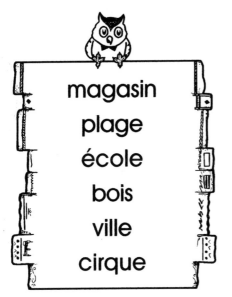

magasin

plage

école

bois

ville

cirque

1. sable et eau
   soleil chaud
   enfants en maillot de bain
   pique-nique

   _____

2. beaucoup de livres
   crayons, crayons de couleur,
   peinture, tableaux, craie,
   beaucoup d'enfants

   _____

3. frais, feuillu et vert
   gros troncs d'arbres
   lapin qui saute
   oiseaux qui gazouillent

   _____

4. autos, camions,
   camionnettes
   klaxons, claquements
   panneaux d'arrêt
   feux rouges
   beaucoup de gens pressés

   _____

5. tentes et clowns
   gens et animaux bruyants
   excitation, applaudissements
   éléphants dressés

   _____

6. manteaux, robes, chaussures
   gens qui font des achats
   commis qui emballent des
   choses
   jouets pour les enfants

   _____

Habileté : identifier un endroit à partir d'un vocabulaire descriptif

Drawing Conclusions

Read each story carefully. Answer the question with a **complete** sentence.

---

1. The young kangaroos were teasing Baby Kangaroo. Baby Kangaroo hopped to his mother quickly. Into her pouch he crawled.

   Why did Baby Kangaroo crawl into his mother's pouch?

   _____

   _____

---

2. The children were playing a noisy game. Their mother came home from work with a terrible headache. Their father asked them to play quietly.

   Why should the children play quietly?

   _____

   _____

---

3. In the barn, Mother Duck had four round, white eggs in a nest. She had to go and find something to eat.

   Why did Mother Duck leave her nest every day?

   _____

   _____

---

4. Little Frog was lost. He had left his pond to look for flies. Now he could not find his way back. He began to cry.

   Why was Little Frog crying?

   _____

   _____

Skill: Telling Why an Action Happened.

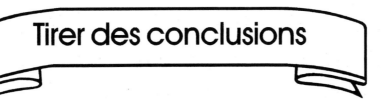

Tirer des conclusions

Lis chaque histoire attentivement. Réponds aux questions par des phrases **complètes**.

---

1. Les jeunes kangourous taquinaient Bébé Kangourou. Bébé Kangourou a bondi rapidement vers sa maman et il s'est glissé dans sa poche.

   Pourquoi Bébé Kangourou s'est-il glissé dans la poche de sa maman?

   _____

   _____

---

2. Les enfants jouent bruyamment. Leur mère rentre du travail et a un terrible mal de tête. Leur père leur demande de jouer discrètement.

   Pourquoi les enfants doivent-ils jouer discrètement?

   _____

   _____

---

3. Dans la grange, Maman Cane a quatre œufs ronds et blancs dans son nid. Elle doit le quitter pour se nourrir.

   Pourquoi Maman Cane doit-elle quitter son nid tous les jours?

   _____

   _____

---

4. Petite Grenouille s'est perdue. Elle avait quitté son étang pour trouver des mouches, mais elle ne trouve désormais plus le chemin du retour.
   Elle pleure.

   Pourquoi Petite Grenouille pleure-t-elle?

   _____

   _____

Habileté : dire pourquoi une action a lieu.

Making Inferences

In the list below are some **actions**.
Some of the actions are **loud** sounds while others are
soft sounds.

If you think it is a soft sound, print **S** on the line. If you think it is a loud
sound, print **L** on the line.

1. children screaming _____

2. snow falling _____

3. a fire bell clanging _____

4. a spider spinning a web _____

5. a kitten purring _____

6. a jet taking off _____

7. a watch ticking _____

8. dogs howling _____

9. a turtle walking _____

10. a train whistle blowing _____

11. children whispering _____

12. a dog sniffing his food _____

13. a fish swimming _____

14. a car backfiring _____

15. a strong wind blowing on a stormy night _____

16. a harp playing quiet music _____

17. a mouse eating cheese _____

18. a lawn mower cutting grass _____

19. a leaf falling from a tree _____

20. a robin chirping to her babies _____

21. an angry giant calling for his lunch _____

22. a crowd cheering for their favorite team _____

23. a car horn honking _____

24. a fire alarm ringing _____

25. the wind blowing _____

Skill: Classifying Sounds.

Faire des déductions

Dans la liste ci-dessous se trouvent des **actions**.
Certaines de ces actions représentent des bruits **forts**,
d'autres, des bruits **doux**.

S'il s'agit d'un bruit doux, écris **D** sur la ligne. S'il s'agit d'un bruit fort,
écris **F**.

1. des enfants qui crient _____

2. la neige qui tombe _____

3. une cloche qui tinte _____

4. une araignée qui tisse sa toile _____

5. un chat qui ronronne _____

6. un avion qui décolle _____

7. une montre qui fait tic-tac _____

8. des chiens qui hurlent _____

9. une tortue qui marche _____

10. un train qui siffle _____

11. des enfants qui murmurent _____

12. un chien qui renifle sa nourriture _____

13. un poisson qui nage _____

14. une auto qui pétarade _____

15. la bise qui souffle par une nuit de tempête _____

16. une harpe qui joue de la douce musique _____

17. une souris qui mange du fromage _____

18. une tondeuse qui tond le gazon _____

19. une feuille qui tombe d'un arbre _____

20. un merle qui gazouille avec ses petits _____

21. un géant furieux qui réclame son repas _____

22. la foule qui encourage son équipe favorite _____

23. un automobiliste qui klaxonne _____

24. une alarme incendie qui sonne _____

25. le vent qui souffle _____

Habileté : classer les sons.

Making Inferences

Read each sentence below carefully.

Choose **one** of the words from the box that tells how you would feel in each situation described. **Print** the word on the line provided.

excited	proud	content	annoyed	disappointed
happy	sorry	lucky	ashamed	worried
angry	sad	scared	curious	embarrassed

How would you feel if:

1. your team won the last game of the season. _____

2. you found out you had to move out of your room. _____

3. your best friend moved to another place far away. _____

4. you were playing ball and broke a window. _____

5. you played a bad trick on a friend and their feelings were hurt.

   _____

6. it rained the day that you were going to the zoo. _____

7. you found out that your family was moving to a new house.

   _____

8. you told a lie and your parents found out. _____

9. your parents punished you by not letting you go to the movies with your friends. _____

10. you were walking through the woods and a bear came out from behind a tree. _____

11. your mother yelled at you for something you didn't do. _____

12. you got perfect marks on your spelling test. _____

13. you got caught sneaking cookies from the cookie jar. _____

14. you peeked inside the box on the kitchen table. _____

Skill: Classifying Emotional Reactions.

Faire des déductions

Lis chaque phrase attentivement.

Choisis un des mots de l'encadré qui décrit ce que tu ressentirais dans les situations ci-dessous. **Inscris** le mot sur la ligne prévue à cet effet.

Si tu es une fille, n'oublie pas de mettre l'adjectif au féminin.

excité	fier	satisfait	contrarié	déçu
heureux	désolé	chanceux	honteux	inquiet
furieux	triste	effrayé	curieux	gêné

Comment te sentirais-tu si :

1. ton équipe gagnait le dernier match de l'année. _____

2. tu apprenais que tu devais changer de chambre. _____

3. ton meilleur ami déménageait très loin de chez toi. _____

4. tu cassais une vitre en jouant au ballon. _____

5. tu jouais un mauvais tour à ton ami et qu'il en était blessé.

   _____

6. il pleuvait le jour où tu devais aller au zoo. _____

7. tu apprenais que tu déménageais. _____

8. tu avais menti et que tes parents l'apprenaient. _____

9. tes parents te punissaient en ne te laissant pas aller au cinéma avec tes amis. _____

10. tu marchais dans les bois et qu'un ours sortait de derrière un arbre.

    _____

11. ta mère te grondait pour quelque chose que tu n'as pas fait.

    _____

12. tu obtenais d'excellentes notes en dictée. _____

13. on te surprenait en train de prendre des biscuits dans la jarre à biscuits.

    _____

14. tu jetais un coup d'œil dans la boîte sur la table de cuisine.

    _____

Habileté : classer les émotions.

Making Inferences

Read each paragraph carefully.
Put an **X** in the box beside the word that tells how the person feels.

---

1.   Kate was sure she would win a prize at the race on Saturday morning. When the day came Kate woke to find she was covered with red spots. She had the measles and couldn't go to the race.

   Kate feels ☐ disappointed ☐ excited ☐ sorry

---

2.   Marty got a dog for his birthday. He taught his dog several tricks. "See what my dog can do," said Marty.

   Marty feels ☐ proud ☐ happy ☐ nervous

---

3.   The children in Mrs. Solski's room had been busy making costumes and painting background pictures for a play. They enjoyed working on the play.

   They feel ☐ lonely ☐ happy ☐ curious

---

4.   Andrea and Jeff are home alone. Suddenly they hear a loud crash at the back of the house. Then they hear a tapping sound on the window pane. "Do you think the wind is making that noise?" asked Jeff.

   They feel ☐ amused ☐ scared ☐ nervous

---

5.   Arthur's mother promised him a bike for his birthday. The day before his birthday she had to tell him she did not have enough money to buy the bike.

   Arthur feels ☐ nervous ☐ disappointed ☐ proud

Skill: Making Inferences About Emotional Reactions.

Faire des déductions

Lis chaque paragraphe attentivement.
Mets un **X** à côté du mot qui décrit ce que la personne ressent.

---

1. Catherine est certaine de gagner un prix lors de la course de samedi matin. Le jour venu, elle se réveille couverte de boutons rouges. Elle a la rougeole et ne peut participer à la course.

   Catherine se sent ☐ déçue ☐ excitée ☐ désolée

---

2. Martin a eu un chien pour son anniversaire. Il lui a montré à faire plusieurs tours. « Voyez ce que mon chien sait faire », dit Martin.

   Martin se sent ☐ fier ☐ heureux ☐ nerveux

---

3. Les enfants de la classe de Mme Solski ont fait des costumes et ont peint des toiles de fond pour une pièce de théâtre. Ils ont bien aimé participer à cette pièce.

   Ils se sentent ☐ seuls ☐ heureux ☐ curieux

---

4. Andréa et Jean sont seuls à la maison. Soudain, ils entendent un bruyant fracas à l'arrière de la maison. Ensuite, quelque chose frappe à la fenêtre. « Penses-tu que c'est le vent qui fait ce bruit? », demande Jean.

   Ils se sentent ☐ amusés ☐ effrayés ☐ nerveux

---

5. La mère d'Arthur lui a promis un vélo pour son anniversaire. La veille du grand jour, elle lui annonce qu'elle n'a pas assez d'argent pour lui en offrir un.

   Arthur se sent ☐ nerveux ☐ déçu ☐ fier

Habileté : faire des déductions à propos de réactions émotionnelles.

Using Context Clues

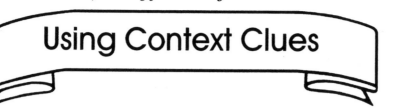

Finish the sentence using the words in the sack.

1. Today it's as cold as _____.

2. When we shut the door it was as black as _____.

3. The kitten was so fat it was as round as a _____.

4. "My shirt is as green as _____," said the boy.

5. That girl is as pretty as a _____.

6. The children thought the man looked as big as a _____.

7. My dog eats so much that he will soon be as fat as a _____.

8. Amy's grandmother has hair that is as white as _____.

9. Maria's new dress is as blue as the _____.

10. Do you know the game, "As Tall as a House, As _____ as a Mouse"?

night
winter
grass
giant
ball
pig
small
sky
snow
princess

Skill: Using Words Correctly in Sentences.

OTM-2520 • SSY1-20 La compréhension de textes

Se servir d'indices en contexte

Complète la phrase à l'aide des mots qui se trouvent dans le sac.

1. Aujourd'hui, il fait aussi froid qu'en _____.

2. Lorsque nous avons fermé la porte, il faisait _____ noire.

3. Le chaton était si gros qu'il était rond comme une _____.

4. « Ma chemise est aussi verte que l' _____ », dit le garçon.

5. Cette fillette est aussi belle qu'une _____.

6. Les enfants trouvaient que cet homme était aussi grand qu'un _____.

7. Mon chien mange tellement qu'il sera bientôt aussi gros qu'un _____.

8. La grand-mère d'Amélie a les cheveux blancs comme _____.

9. La nouvelle robe de Marie est aussi bleue que le _____.

10. Il est aussi _____ qu'une souris.

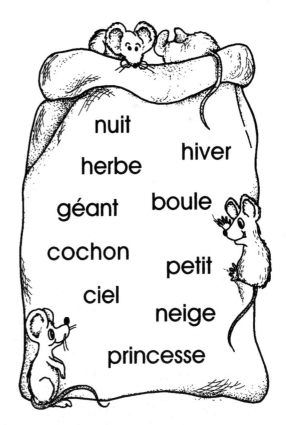

nuit

hiver

herbe

géant

boule

cochon

petit

ciel

neige

princesse

Using Context Clues

Use the words in the monster's head to **complete** the sentences.

1. The children wanted to spend all of their _____ .

2. The giant shouted _____ to his wife.

3. The old witch was _____ with fear.

4. They were late _____ for the party.

5. The plane was _____ the airport.

6. I must learn how to speak _____ while the baby is sleeping.

7. My _____ brother begins school in September.

8. Ten _____ live on our street.

9. The dog _____ the newspaper in his mouth for its owner.

10. A lighthouse _____ used to live here.

11. Be a good _____ while in school.

12. Are you _____ to win a prize in the spelling contest?

angrily

arriving

shaking

quietly

circling

families

younger

keeper

carries

hoping

pennies   listener

30

Skill: Using Words Correctly in Sentences.

Se servir d'indices en contexte

Utilise les mots qui se trouvent dans la tête du monstre pour **compléter** les phrases.

1. Les enfants voulaient dépenser tous leurs _____.

2. Le géant appelait sa femme en criant _____.

3. La vieille sorcière _____ de peur.

4. Ils sont _____ en retard à la fête.

5. L'avion _____ en rond au-dessus de l'aéroport.

6. Je dois apprendre à parler _____ lorsque le bébé dort.

7. Mon frère _____ commence l'école en septembre.

8. Dix _____ habitent notre rue.

9. Le chien _____ dans sa gueule le journal de son maître.

10. Un _____ de phare vivait ici avant.

11. _____ bien à l'école.

12. _____ -tu gagner un prix lors du concours d'orthographe?

furieusement

arrivés   tremblait

doucement

tournait

familles

cadet

gardien

transporte

espères   écoute

sous

Habileté : utiliser des mots correctement dans une phrase.

Using Context Clues

Complete the information story about "raccoons" with the words in the mitten.

Raccoons are _____ in North America. They live near _____ and _____, but many live in _____.

A raccoon is about the _____ of a small dog. Black _____ around its eyes make it look as if it wears a _____. Its nose and ears are _____. Its tail is _____ and has black and _____ rings on it.

streams   rings

cry   lakes   water

pointed   size   swimmers   paws

mask   growl   people

yellow   piece

bushy   night   hands

easier   asleep

found   cities

A raccoon can use its _____ like we use our _____. Sometimes it will hold a _____ of food in its paws and rinse the food in _____. This makes the food _____ to eat.

Raccoons hunt for food at _____ and spend much of the day _____. They are good fighters, _____ and climbers. Raccoons can _____, bark and _____. Sometimes they sound like _____ crying.

Skill: Completing Paragraphs With the Correct Words.

Se servir d'indices en contexte

Complète l'histoire sur les « ratons laveurs » à l'aide des mots dans la moufle.

Le raton laveur _____ en Amérique du Nord. On le retrouve près des _____ et des _____, ainsi qu'en _____ bien souvent.

Le raton laveur est de la _____ d'un petit chien environ. Les _____ noirs autour de ses yeux donnent l'impression qu'il porte un _____. Son nez et ses oreilles sont _____. Sa queue est _____ et recouverte d'anneaux noirs et _____.

Le raton laveur utilise ses _____ comme nous utilisons nos _____. Parfois, il tiendra un _____ de nourriture entre ses pattes et le rincera dans l'_____. Grâce à cette qualité, il lui est plus _____ de manger.

Le raton laveur cherche sa nourriture la _____ et passe une bonne partie de la journée à _____. Il sait bien se défendre, _____ et grimper. Le raton laveur peut _____, aboyer et pousser des _____. Parfois, on dirait une _____ qui pleure.

Mots dans la moufle :
ruisseaux, lacs, cercles, grogner, cris, taille, nager, pattes, pointus, eau, masque, personne, morceau, jaunes, touffue, nuit, mains, dormir, facile, vit, ville

Habileté : compléter des paragraphes à l'aide des mots justes.

Noting Details

Follow the directions given in each box.

1. Most ground squirrels sleep during the winter in dens under the ground.

   Underline the word that tells who sleeps in an underground den.

   Circle the word that tells when ground squirrels sleep.

2. The dragonfly is born in a pond. When it hatches from an egg, it stays in the water. It does not have wings.

   Underline the words that tell where a dragonfly is born.

   Circle the words that tell why it stays in the water.

3. The treasure that Owen found near the old mine was buried long ago by miners.

   Underline the word that tells who buried the treasure.

   Circle the words that tell where the treasure was buried.

4. The water spider makes a web in the shape of a tent at the bottom of a pond or stream.

   Underline the word that tells what the water spider makes.

   Circle the words that tell where the water spider puts the tent.

5. Land turtles have short clubbed feet. They are slow and clumsy on land.

   Underline the words that tell who have short clubbed feet.

   Circle the words that tell how land turtles move.

6. The teacher asked Annie and Todd to measure the distance around the classroom.

   Underline the words that tell who is to measure.

   Circle the words that tell where they are to measure.

Trouver des renseignements

Suis les instructions qui se trouvent dans l'encadré.

1. La plupart des écureuils dorment dans un terrier l'hiver. **Souligne** le mot qui indique qui dort dans un terrier. **Encercle** le mot qui indique quand les écureuils dorment.	4. L'araignée aquatique tisse une toile en forme de tente au fond d'un étang ou d'un ruisseau. **Souligne** le mot qui indique ce que tisse l'araignée aquatique. **Encercle** les mots qui indiquent où l'araignée aquatique tisse sa toile.
2. La libellule naît dans un étang. Lorsqu'elle sort de son œuf, elle reste dans l'eau. Elle n'a pas d'ailes. **Souligne** les mots qui indiquent où naît la libellule. **Encercle** les mots qui indiquent pourquoi elle reste dans l'eau.	5. La tortue terrestre a des pattes courtes et trapues. Elle avance lentement et maladroitement. **Souligne** les mots qui indiquent qui a des pattes courtes et trapues. **Encercle** les mots qui indiquent comment la tortue terrestre se déplace.
3. Le trésor qu'a trouvé Olivier près de l'ancienne mine a été enfoui par des mineurs il y a fort longtemps. **Souligne** le mot qui indique qui a enfoui le trésor. **Encercle** les mots qui indiquent où le trésor a été enfoui.	6. Le professeur a demandé à Annie et à Thomas de mesurer la classe. **Souligne** les mots qui indiquent qui doit mesurer. **Encercle** le mot qui indique ce qu'ils doivent mesurer.

Habileté : trouver des renseignements demandés dans des phrases données.

Noting Details

Read each sentence carefully.
Print **Yes** on the line if the sentence is true or **No** if the sentence is false.

Yes or No

1. The trees in the springtime have red, orange, and yellow leaves. _____

2. The sky above us is always blue. _____

3. Owls can see in the dark. _____

4. A stop sign is red and black. _____

5. Traffic lights are red, yellow and purple. _____

6. We can always see the moon every night. _____

7. A car can go faster than a bicycle. _____

8. A wish that is made always comes true. _____

9. No one has ever been to outer space. _____

10. Everyone must wear a helmet while riding a bicycle. _____

11. Beavers and raccoons are tame animals. _____

12. Oranges and grapefruits are the same color. _____

13. Carrots, beans, and peas are kinds of fruits. _____

14. Daffodils and tulips are spring flowers. _____

Skill: Noting Details of Familiar Items.

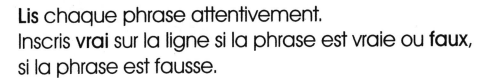

Lis chaque phrase attentivement.
Inscris **vrai** sur la ligne si la phrase est vraie ou **faux**,
si la phrase est fausse.

Vrai ou faux

1. Au printemps, les arbres ont les feuilles rouges, orange et jaunes.

   _____

2. Le ciel est toujours bleu. _____

3. Les hiboux peuvent voir dans le noir. _____

4. Un panneau d'arrêt est rouge et noir. _____

5. Les feux de circulation sont rouges, jaunes et violets. _____

6. On peut voir la lune toutes les nuits. _____

7. Une voiture est plus rapide qu'un vélo. _____

8. Un souhait se réalise toujours. _____

9. Personne n'a jamais voyagé dans l'espace. _____

10. Tout le monde doit porter un casque à vélo. _____

11. Les castors et les ratons laveurs sont des animaux apprivoisés.

    _____

12. Les oranges et les pamplemousses sont de la même couleur.

    _____

13. Les carottes, les haricots et les pois sont des fruits. _____

14. Les jonquilles et les tulipes sont des fleurs printanières. _____

Habileté : remarquer des détails au sujet d'éléments familiers

Noting Details

Circle the word or words in each sentence that answer the question.

1. Baby ducks are called ducklings.

   What are young ducks called?

2. Geese make their homes on the ground near water.

   Where do geese nest?

3. Spider webs can best be seen on frosty or dewy mornings.

   When is the best time to look at spider webs?

4. Raccoons often steal eggs and chickens from the barnyard.

   Why do farmers dislike raccoons?

5. The tiger is one of the most dangerous animals found in the world.

   Why is the tiger feared?

6. Elephants are found in the jungles of India and Africa.

   Where do elephants live?

7. Giraffes are able to gallop as fast as 55 kilometers an hour.

   How fast can a giraffe gallop?

8. Snakes are cold-blooded and hibernate in the soft earth during the winter.

   How do snakes spend the winter?

9. A skunk is a small black and white animal about the size of a house cat.

   How big is a skunk?

10. When a skunk is in danger it will stiffen its legs, stamp its feet, raise its tail and spray a bad-smelling liquid.

    How does a skunk warn its enemies to stay away?

Skill: Locating Details That Answer Questions.

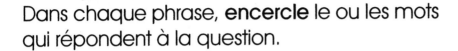

Trouver des renseignements

Dans chaque phrase, **encercle** le ou les mots qui répondent à la question.

1. Les bébés canards sont des canetons.

   Comment nomme-t-on les bébés canards?

2. L'oie fait son nid sur le sol près de l'eau.

   Où l'oie fait-elle son nid?

3. Les toiles d'araignées sont plus visibles par un matin de gelée ou de rosée.

   Quel est le meilleur moment pour voir des toiles d'araignées?

4. Les ratons laveurs volent souvent des œufs et des poulets dans les basses-cours.

   Pourquoi les fermiers n'aiment-ils pas les ratons laveurs?

5. Le tigre est l'un des animaux les plus dangereux du monde.

   Pourquoi a-t-on peur des tigres?

6. Les éléphants vivent dans les jungles de l'Inde et de l'Afrique.

   Où les éléphants vivent-ils?

7. La girafe peut galoper jusqu'à 55 kilomètres à l'heure.

   Jusqu'à quelle vitesse une girafe peut-elle galoper?

8. Le serpent est un animal à sang froid qui, l'hiver, hiberne dans la terre meuble.

   Que fait le serpent l'hiver?

9. Une mouffette est un petit animal noir et blanc de la taille d'un chat.

   Quelle est la taille d'une mouffette?

10. Lorsqu'une mouffette se sent menacée, elle raidit ses pattes, trépigne, lève la queue et projette un liquide nauséabond.

    Comment la mouffette avertit-elle ses ennemis de rester éloignés?

Observing Sequence

How well do you remember the fairy tale called "**Jack and the Beanstalk**"?
Number the sentences in the **correct** order to tell the story.

_____ Jack's mother threw the beans out the window.

_____ Jack chopped down the beanstalk.

_____ Jack and his mother decided to sell the cow.

_____ On another trip to the castle he brought home a magic hen.

_____ Jack led the cow off to market.

_____ Jack climbed the beanstalk and took a bag of gold from the giant.

_____ The giant was awakened by the harp calling out for help.

_____ He sold the cow for a bag of magic beans.

_____ Jack was surprised to see that a huge beanstalk had grown up in the night.

Skill: Sequencing Sentences in the Correct Order to Tell a Story.

Constituer des suites ordonnées

Te souviens-tu du conte de fée « **Jack et le haricot magique** »? **Numérote** les phrases dans le **bon** ordre pour raconter l'histoire.

_____ La mère de Jack a jeté les haricots par la fenêtre.

_____ Jack a abattu la tige de haricot.

_____ Jack et sa mère ont décidé de vendre leur vache.

_____ Une autre fois, il a ramené une poule magique du château.

_____ Jack a emmené la vache au marché.

_____ Jack a escaladé la tige de haricot et a volé un sac d'or au géant.

_____ Le géant a été réveillé par l'appel à l'aide de la harpe.

_____ Il a échangé la vache contre un sac de haricots magiques.

_____ Jack a été étonné de voir qu'une énorme tige de haricot avait poussé durant la nuit.

Observing Sequence

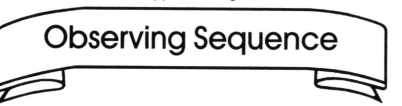

Read the words in the box.
Write them on the shape to which they belong.
Write them in the **order** in which they would take place.

spring	Tuesday	dusk
noon	morning	night
Sunday	winter	Thursday
dawn	Friday	morning
Wednesday	summer	afternoon
Monday	fall	Saturday

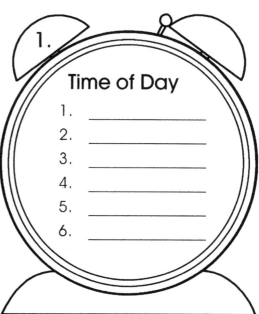

1.

Time of Day

1. _____
2. _____
3. _____
4. _____
5. _____
6. _____

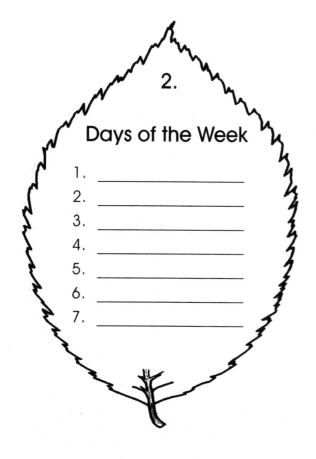

2.

Days of the Week

1. _____
2. _____
3. _____
4. _____
5. _____
6. _____
7. _____

3.

Seasons

1. _____
2. _____
3. _____
4. _____

Skill: Recording Methods of Telling Time in Order.

Constituer des suites ordonnées

Lis les mots dans l'encadré.
Inscris-les sur la forme à laquelle ils correspondent.
Inscris-les dans l'**ordre** chronologique.

printemps	mardi	crépuscule
midi	matin	nuit
dimanche	hiver	jeudi
aube	vendredi	matin
mercredi	été	après-midi
lundi	automne	samedi

1.

Moments de la journée

1. _____
2. _____
3. _____
4. _____
5. _____
6. _____

2.

Jours de la semaine

1. _____
2. _____
3. _____
4. _____
5. _____
6. _____
7. _____

3.

Saisons

1. _____
2. _____
3. _____
4. _____

Habileté : connaissance des méthodes pour ordonner les mots se rapportant au temps

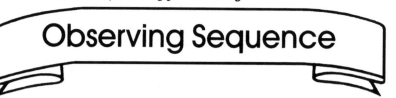

Observing Sequence

Carefully **read** each pair of sentences.
Decide which sentence should begin with the word
First and which sentence begins with the word **Then**. Print the correct
word on each line.

First — Then

1. _____ , go out to play.
   _____ , put on a coat.

2. _____ , draw a squirrel.
   _____ , color it brown.

3. _____ , look for an animal.
   _____ , go to the woods.

4. _____ , get the eggs.
   _____ , go into the hen house.

5. _____ , eat your breakfast.
   _____ , brush your teeth.

6. _____ , put on your running shoes.
   _____ , put on your yellow socks.

7. _____ , look all ways.
   _____ , walk across the street.

8. _____ , she built one.
   _____ , Mrs. Robin found a good place for a nest.

9. _____ , he buried his bone.
   _____ , the dog dug a hole.

10. _____ , owl spotted the mouse.
    _____ , he flew down and grabbed it in his claws.

11. _____ , the farmer plowed the field.
    _____ , he planted the wheat seeds.

12. _____ , he pulled it out of the ground.
    _____ , he planted the wheat seeds.

13. _____ , Mrs. Robin taught her babies how to fly.
    _____ , she taught them to look for food.

14. _____ , the thunder boomed loudly.
    _____ , we saw the lightning flash.

Skill: Sequencing Events in the Correct Order.

Constituer des suites ordonnées

Lis chaque groupe de phrases attentivement.
Choisis laquelle des deux phrases devrait débuter par
D'abord et laquelle, par **Ensuite**. Inscris tes réponses sur les lignes prévues
à cet effet.

D'abord — Ensuite

1. _____ , on sort jouer.
   _____ , on met un manteau.

2. _____ , on dessine un écureuil.
   _____ , on le colorie en brun.

3. _____ , on cherche un animal.
   _____ , on va dans les bois.

4. _____ , on va chercher les œufs.
   _____ , on entre dans le poulailler.

5. _____ , on mange son petit déjeuner.
   _____ , on se brosse les dents.

6. _____ , on met ses chaussures de course.
   _____ , on met ses chaussettes.

7. _____ , on regarde de chaque côté.
   _____ , on traverse la rue.

8. _____ , elle en a fait un.

_____ , Maman Merle a trouvé un bon endroit pour faire son nid.

9. _____ , il a enfoui son os.
   _____ , le chien a creusé un trou.

10. _____ , le hibou a repéré une souris.
    _____ , il a foncé sur elle et l'a saisie entre ses serres.

11. _____ , le fermier a labouré le champ.
    _____ , il a semé le blé.

12. _____ , il l'a arraché du sol.
    _____ , il a semé le blé.

13. _____ , Maman Merle a montré à ses petits comment voler.
    _____ , elle leur a appris à chercher de la nourriture.

14. _____ , le tonnerre a grondé fortement.
    _____ , on a vu un éclair strier le ciel.

Habileté : placer des événements dans le bon ordre

Following Directions

Read the sentences in each box.
Draw and **color** the pictures they are describing.

1. It is good to eat. It is red and grows on a tree. What is it?	4. You can ride in me. I can travel on the water. It is fun to fish from me. What am I?
2. I am an animal. My whiskers are long. I live in a house and I drink milk. What am I?	5. It is white. It is far, far away. You cannot see it very well in the day time. What is it?
3. It is a place for boys and girls. Sometimes it has many rooms. Children read and write here. What is it?	6. It is made from cream. It cools you on a hot, summer day. It comes in many flavors. What is it?

Suivre des instructions

Lis les phrases qui se trouvent dans les encadrés.
Dessine ce qu'elles décrivent et **colorie** tes dessins ensuite.

1. C'est bon à manger. C'est rouge et ça pousse dans un arbre. Qu'est-ce que c'est?	4. On peut se promener grâce à moi. Je me déplace sur l'eau. Je rends la pêche agréable. Que suis-je?
2. Je suis un animal. Mes moustaches sont longues. Je vis dans une maison et je bois du lait. Que suis-je?	5. C'est blanc. C'est très, très loin. C'est difficile à voir durant le jour. Qu'est-ce que c'est?
3. C'est un endroit pour les garçons et les filles. Parfois, il se compose de nombreuses salles. Les enfants y apprennent à lire et à écrire. Qu'est-ce que c'est?	6. C'est fait avec de la crème. Ça rafraîchit, l'été, quand il fait chaud. Ça a de nombreux parfums. Qu'est-ce que c'est?

Habileté : répondre à une devinette par un dessin

Following Directions

Carefully read the directions and do what they say.

1. **Read** the word on each butterfly.
2. Color the butterfly **yellow** if the word is something that you can hear.
3. Color the butterfly **green** if the word is something you can taste.
4. Color the butterfly **red** if the word is something you can see.

salty

boom

drum

sour

squeak

tree

sweet

bird

bitter

noise

spicy

duck

clang

bang

honk

hot

Skill: Coloring Pictures According to Directions.

OTM-2520 • SSY1-20 **La compréhension de textes**

Suivre des instructions

Lis les instructions attentivement et fais ce qu'on te demande.

1. **Lis** les mots sur les papillons.
2. Colorie le papillon en **jaune** si le mot correspond à un son.
3. Colorie le papillon en **vert** si le mot correspond à un goût.
4. Colorie le papillon en **rouge** si le mot correspond à quelque chose que tu peux voir.

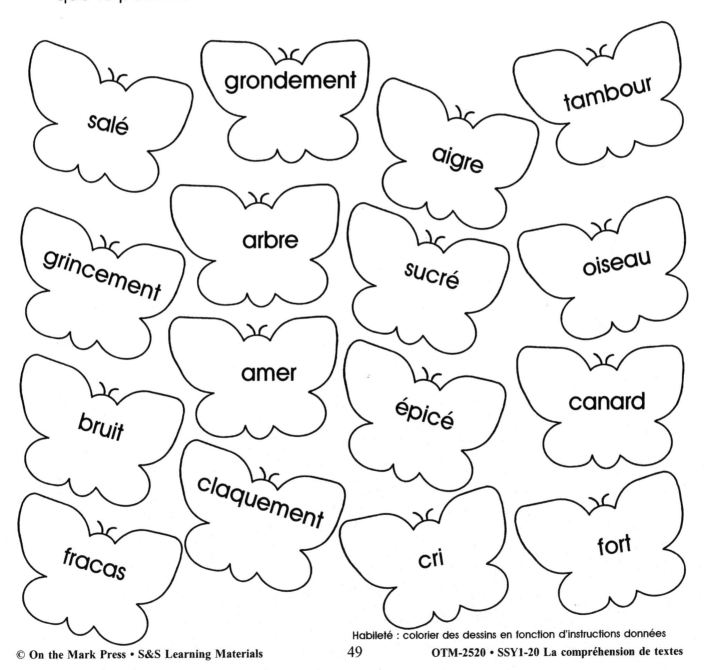

salé

grondement

tambour

aigre

grincement

arbre

sucré

oiseau

amer

épicé

canard

bruit

claquement

cri

fort

fracas

Habileté : colorier des dessins en fonction d'instructions données

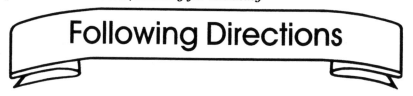

Following Directions

Carefully **read** each sentence and follow the directions.

1. If a calf drinks milk from a cow, print the word *milk* in the box at the right.

2. If an elephant's trunk can spray water, draw an elephant's trunk in the box.

3. If zebras do not have stripes, color the circle black.

4. If a male lion has a mane around his neck, print the word *mane* in the box.

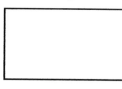

5. If a squirrel has a skinny tail, color the box blue.

6. If a beaver chops down trees, draw a tree in the circle.

7. If a cat likes to gnaw on bones, draw a bone in the box.

8. If a raccoon looks like a robber, draw a mask in the box.

9. If daffodils are pink and purple, draw a daffodil in the circle.

Skill: Following Written Directions.

OTM-2520 • SSY1-20 La compréhension de textes

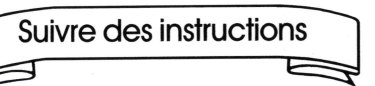

Suivre des instructions

Lis chaque phrase attentivement et suis les instructions.

1. Si un veau boit du lait de vache, écris le mot *lait* dans l'encadré de droite.

2. Si une trompe d'éléphant peut projeter de l'eau, dessine une trompe d'éléphant dans l'encadré.

3. Si les zèbres n'ont pas de rayures, colorie le cercle en noir.

4. Si les lions mâles ont une crinière autour du cou, écris le mot *crinière* dans l'encadré.

5. Si les écureuils ont une queue mince, colorie l'encadré en bleu.

6. Si les castors peuvent abattre des arbres, dessine un arbre dans le cercle.

7. Si les chats aiment ronger les os, dessine un os dans l'encadré.

8. Si les ratons laveurs ressemblent à des voleurs, dessine un masque dans l'encadré.

9. Si les jonquilles sont roses et violettes, dessine une jonquille dans le cercle.

Habileté : suivre des instructions écrites

Understanding Vocabulary

Match the word to its meaning. You **will not** use all of the words in the box. **Print** the word on the line beside its meaning.

1. to move your eyelids _____
2. every room has one _____
3. a name for a baby goat _____
4. jump in the water head first _____
5. holder for money _____
6. to dive down quickly _____
7. a place to keep dishes _____
8. the name for a baby bear _____
9. used in sewing clothes _____
10. a reward or gift _____
11. a brown coin _____
12. to reach a place _____
13. part of a book _____
14. to put money away _____
15. to throw a ball _____

arrive	imagine	blink	rescue	ceiling
rather	cupboard	kitchen	dive	kid
large	penny	pitch	swoop	thread
wallet	cub	prize	save	chapter

Skill: Understanding Words and Their Meanings.

Comprendre le vocabulaire

Joins le mot au sens correspondant. Tu **n'utiliseras pas** tous les mots de l'encadré. **Écris** le mot sur la ligne qui suit son sens.

1. rapprocher brusquement les paupières _____

2. toutes les pièces en ont un _____

3. le nom d'un bébé chèvre _____

4. sauter dans l'eau tête première _____

5. ce qui sert à ranger son argent _____

6. pour un avion, descendre rapidement _____

7. endroit où l'on range la vaisselle _____

8. le nom d'un bébé ours _____

9. ce qu'on utilise pour coudre des vêtements _____

10. une récompense ou un cadeau _____

11. une pièce d'argent brune _____

12. atteindre un lieu _____

13. partie d'un livre _____

14. mettre de l'argent de côté _____

15. envoyer une balle loin de soi _____

arriver	imaginer	cligner	sauver	plafond
plutôt	vaisselier	cuisine	plonger	chevreau
grand	sou	lancer	piquer	fil
portefeuille	ourson	prix	économiser	chapitre

Habileté : comprendre des mots et leur sens

Understanding Vocabulary

Match the word to its meaning.
Use the words in the castle to **complete** the word puzzle.

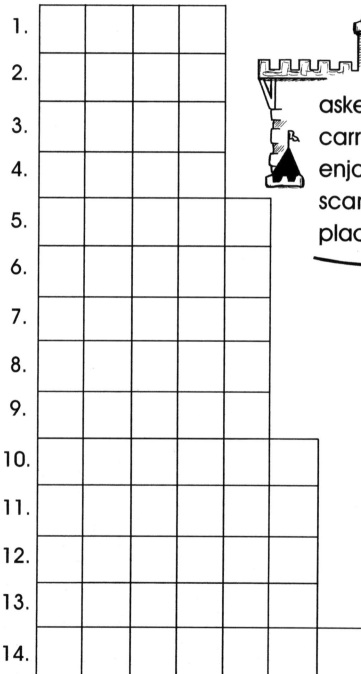

asked	exit	prince
carry	hurried	return
enjoy	palace	oars
scare	soot	travel
place	plan	prize

1. to go out
2. arrange
3. used to row a boat
4. black dust from a fire
5. frighten
6. to fetch
7. invited
8. like very much
9. a reward
10. arrive back
11. to go places
12. son of a king
13. where a king lives
14. went quickly

Skill: Matching Words to Their Meanings.

Comprendre le vocabulaire

Joins le mot au sens correspondant.
Utilise les mots dans le château pour **remplir** la grille.

1.
2.
3.
4.
5.
6.
7.
8.
9.
10.
11.
12.
13.
14.

invité   sortir   prince

transporter   hâte   revenir

apprécier   palais   rames

effrayer   suie   voyager

endroit   planifier   prix

1. de la poussière noire causée par le feu
2. une récompense
3. précipitation
4. ce qu'on utilise pour faire avancer un bateau
5. aller hors d'un lieu
6. convié
7. le fils du roi
8. l'endroit où vit un roi
9. arriver au point de départ
10. aller dans différents pays
11. faire peur
12. organiser
13. aimer
14. déplacer en portant

Habileté : joindre des mots à leur sens

Understanding Vocabulary

Antonyms are words that have opposite meanings. Beside each word, **write** the word that is **opposite** in meaning.

| A) | small | sold | slow |
| | happy | crooked | woman |

1. large _____

2. man _____

3. fast _____

4. straight _____

5. bought _____

6. unhappy _____

| B) | lowest | nowhere | father |
| | tie | awake | boy |

1. asleep _____

2. highest _____

3. everywhere _____

4. untie _____

5. girl _____

6. mother _____

| C) | few | poor | cold |
| | close | none | slowly |

1. rich _____

2. open _____

3. many _____

4. quickly _____

5. hot _____

6. all _____

| D) | evening | give | old |
| | answered | up | sell |

1. down _____

2. asked _____

3. young _____

4. take _____

5. buy _____

6. morning _____

Skill: Matching Words With Opposite Meanings.
OTM-2520 • SSY1-20 La compréhension de textes

Comprendre le vocabulaire

Les **antonymes** sont des mots de sens contraire.
À côté de chaque mot, **inscris** son **contraire**.

A) petit	vendu	lent
heureux	crochu	femme

1. grand _____

2. homme _____

3. rapide _____

4. droit _____

5. acheté _____

6. malheureux _____

B) pire	nulle part	père
attacher	éveillé	garçon

1. endormi _____

2. meilleur _____

3. partout _____

4. détacher _____

5. fille _____

6. mère _____

C) peu	pauvre	froid
fermer	rien	lentement

1. riche _____

2. ouvrir _____

3. beaucoup _____

4. rapidement _____

5. chaud _____

6. tout _____

D) soir	donner	vieux
répondu	haut	vendre

1. bas _____

2. demandé _____

3. jeune _____

4. prendre _____

5. acheter _____

6. matin _____

Habileté : joindre des mots à des sens contraires

Understanding Vocabulary

Homonyms are words that sound the same, but have different meanings.

Read each sentence. Then, **write** the correct homonym in each blank to complete the sentences.

1. Last month, my baseball team _____ (**one, won**) two games and lost _____ (**one, won**).

2. The wind _____ (**blue, blew**) the white clouds across the _____ (**blue, blew**) sky.

3. _____ (**Where, Wear**) does she like to _____ (**where, wear**) those shoes?

4. The girls rode _____ (**their, there**) bikes over _____ (**their, there**).

5. Can you _____ (**see, sea**) the _____ (**see, sea**) from your window?

6. Please come _____ (**hear, here**) so that I can _____ (**hear, here**) you better.

7. Emily and Mark went _____ (**two, to, too**) the store and bought _____ (**two, to, too**) apples, and some peaches, _____ (**two, to, too**).

8. Jason _____ (**read, red**) the book with the _____ (**read, red**) cover all by himself.

Skill: Identifying homonyms in sentences
OTM-2520 • SSY1-20 La compréhension de textes

Comprendre le vocabulaire

Les **homonymes** sont des mots qui ont une prononciation identique mais un sens différent.

Lis chaque phrase. Ensuite, **choisis** le bon mot parmi les homonymes et complète la phrase en le transcrivant sur la ligne prévue à cet effet.

1. Le paquebot noir comme l'_____ (**ancre, encre**) qui était accosté dans le port a levé l'_____ (**ancre, encre**) hier.

2. Bernard ___ (**a, à**) mal ___ (**a, à**) la jambe.

3. « _____ (**Ça, Sa**) fait deux jours que mon grand frère a perdu _____ (**ça, sa**) montre. »

4. J'ai commencé à cueillir _____ (**des, dès**) pommes _____ (**des, dès**) mon arrivée dans le verger.

5. _____ (**Mais, Mes**) amis ne sont pas là, _____ (**mais, mes**) ils arriveront bientôt.

6. Les bandits _____ (**on, ont**) peur quand _____ (**on, ont**) frappe à leur porte.

7. Il me reste _____ (**peu, peux**) de temps : _____ (**peu, peux**) -tu m'aider?

8. Dans le _____ (**balai, ballet**) *Cendrillon*, l'héroïne danse avec un _____ (**balai, ballet**).

Habileté : distinguer les homonymes dans une phrase

Corrigé/Answer Key

Page 4: Main Idea
Words to be circled.
1. reading 2. potato 3. doll
4. squirrel 5. vegetables 6. Wednesday
7. whale 8. Tuesday 9. sky

Page 5 : Thème principal
Mots à encercler
1. lecture 2. concombre 3. poupée
4. écureuil 5. légumes 6. mercredi
7. baleine 8. mardi 9. ciel

Page 6: Main idea
Word groups to be circled.
1. school books 2. blowing snow
3. making a snowman 4. eggs in a basket
5. lightning flashing 6. running to school
7. riding my bike 8. potato salad
9. water running

Page 7 : Thème principal
Groupes de mots à encercler
1. livres scolaires
2. bourrasques de neige
3. faire un bonhomme de neige
4. œufs dans un panier
5. éclairs qui strient le ciel
6. se rendre à l'école en courant
7. me promener à vélo
8. salade de pommes de terre
9. eau qui coule

Page 8: Main Idea
1. Hunters Beware!
2. Striped Horses
3. Animal Skyscrapers
4. People-Like Animals

Page 9 : Thème principal
1. Chasseurs et animaux : attention!
2. Les chevaux rayés
3. Les gratte-ciel de la jungle
4. Des animaux qui nous ressemblent

Page 10: Seeing Relationships
1. swimming 2. book 3. broken
4. tent 5. yard 6. owl
7. stop 8. tears 9. eggs
10. food 11. lion 12. shovel

Page 11 : Établir des liens
1. nager 2. livre 3. brisé
4. tente 5. cour 6. hibou
7. arrêter 8. larmes 9. œufs
10. nourriture 11. lion 12. pelle

Page 12: Seeing Relationships
1. sports 2. colors 3. birds
4. clothes 5. furniture 6. pets
7. fruits 8. seasons 9. flowers
10. numbers 11. months 12. days

Page 13 : Établir des liens
1. sports 2. couleurs 3. oiseaux
4. vêtements 5. meubles
6. animaux de compagnie 7. fruits
8. saisons 9. fleurs 10. nombres
11. mois 12. jours

Page 14: Seeing Relationships
1. when 2. where 3. why
4. when 5. where 6. when
7. why 8. when 9. why
10. where 11. why 12. when
13. where 14. where 15. where
16. when

Page 15 : Établir des liens
1. quand 2. où 3. pourquoi
4. quand 5. où 6. quand
7. pourquoi 8. quand 9. pourquoi
10. où 11. pourquoi 12. quand
13. où 14. où 15. où
16. quand

Page 16: Seeing Relationships
1. witch 2. mice 3. ghost
4. cat 5. owl 6. costumes
7. bats 8. cauldron

Page 17 : Établir des liens
1. sorcière   2. souris   3. fantôme
4. chat   5. hibou   6. costumes
7. chauves-souris   8. chaudron

Page 18: Drawing Conclusions
1. beach   2. school   3. woods
4. city   5. circus   6. store

Page 19 : Tirer des conclusions
1. plage   2. école   3. bois
4. ville   5. cirque   6. magasin

Page 20: Drawing Conclusions
1. The young kangaroos were teasing Baby Kangaroo.
2. Their mother had a headache.
3. Mother Duck had to find something to eat.
4. Little Frog was lost.

Page 21 : Tirer des conclusions
1. Les jeunes kangourous taquinaient Bébé Kangourou.
2. Leur mère a mal à la tête.
3. Maman Cane doit se trouver à manger.
4. Petite Grenouille s'est perdue.

Page 22: Making Inferences
1. loud   2. soft   3. loud   4. soft
5. soft   6. loud   7. soft   8. loud
9. soft   10. loud   11. soft   12. soft
13. soft   14. loud   15. loud   16. soft
17. soft   18. loud   19. soft   20. soft
21. loud   22. loud   23. loud   24. loud
25. loud

Page 23 : Faire des déductions
1. fort   2. doux   3. fort   4. doux
5. doux   6. fort   7. doux   8. fort
9. doux   10. fort   11. doux   12. doux
13. doux   14. fort   15. fort   16. doux
17. doux   18. fort   19. doux   20. doux
21. fort   22. fort   23. fort   24. fort
25. fort

Page 24: Making Inferences
1. excited   2. angry, annoyed
3. sad
4. embarrassed, scared, sorry
5. ashamed   6. disappointed
7. excited, curious, sad
8. ashamed   9. angry, annoyed
10. scared   11. angry, annoyed
12. proud, excited   13. embarrassed
14. curious

Page 25 : Faire des déductions
1. excité ou excitée
2. furieux, furieuse, contrarié ou contrariée
3. triste
4. gêné, gênée, effrayé, effrayée, désolé ou désolée
5. honteux ou honteuse
6. déçu ou déçue
7. excité, excitée, curieux, curieuse ou triste
8. honteux ou honteuse
9. furieux, furieuse, contrarié ou contrariée
10. effrayé ou effrayée
11. furieux, furieuse, contrarié ou contrariée
12. fier, fière, excité ou excitée
13. gêné ou gênée
14. curieux ou curieuse

Page 26: Making Inferences
1. disappointed   2. proud   3. happy
4. nervous   5. disappointed

Page 27 : Faire des déductions
1. déçue   2. fier   3. heureux
4. nerveux   5. déçu

Page 28: Using Context Clues
1. winter   2. night   3. ball
4. grass   5. princess   6. giant
7. pig   8. snow   9. sky
10. small

Page 29 : Se servir d'indices en contexte
1. hiver   2. nuit   3. boule
4. herbe   5. princesse   6. géant
7. cochon   8. neige   9. ciel
10. petit

Page 30: Using Context Clues

1. pennies	2. angrily	3. shaking
4. arriving	5. circling	6. quietly
7. younger	8. families	9. carries
10. keeper	11. listener	12. hoping

Page 31 : Se servir d'indices en contexte

1. sous	2. furieusement	3. tremblait
4. arrivés	5. tournait	6. doucement
7. cadet	8. familles	9. transporte
10. gardien	11. Écoute	12. Espères

Page 32: Using Context Clues
Follow this order to fill the blanks.

Paragraph One:
found, lakes, streams, cities

Paragraph Two:
size, rings, mask, pointed, bushy, yellow

Paragraph Three:
paws, hands, piece, water, easier

Paragraph Four:
night, asleep, swimmers, growl, cry, people

Page 33: Se servir d'indices en contexte
Suis cet ordre pour compléter les phrases.

Paragraphe un :
vit, lacs, ruisseaux, ville

Paragraphe deux :
taille, anneaux, masque, pointus, touffue, jaunes

Paragraphe trois :
pattes, mains, morceau, eau, facile

Paragraphe quatre :
nuit, dormir, nager, grogner, cris, personne

Page 34: Noting Details
1. *Underline* - ground squirrels
   Circle - winter
2. *Underline* - in a pond
   Circle - It does not have wings.
3. *Underline* - Owen
   Circle - near the old mine

4. *Underline* - a web
   Circle - at the bottom of a pond or stream
5. *Underline* - land turtles
   Circle - slow and clumsy
6. *Underline* - Annie and Todd
   Circle - around the classroom

Page 35 : Trouver des renseignements
1. *À souligner* - écureuils
   À encercler - hiver
2. *À souligner* - dans un étang
   À encercler - Elle n'a pas d'ailes
3. *À souligner* - Olivier
   À encercler - près de l'ancienne mine
4. *À souligner* - une toile
   À encercler - au fond d'un étang ou d'un ruisseau
5. *À souligner* - tortue terrestre
   À encercler - lentement et maladroitement
6. *À souligner* - Annie et Thomas
   À encercler - classe

Page 36: Noting Details

1. No	2. No	3. Yes	4. No
5. No	6. No	7. Yes	8. No
9. No	10. Yes	11. No	12. No
13. No	14. Yes		

Page 37 : Trouver des renseignements

1. faux	2. faux	3. vrai	4. faux
5. faux	6. faux	7. vrai	8. faux
9. faux	10. vrai	11. faux	12. faux
13. faux	14. vrai		

Page 38: Noting Details
Circled parts are:
1. ducklings
2. on the ground near the water
3. on frosty and dewy mornings
4. steal eggs and chickens
5. one of the most dangerous animals
6. in the jungles of India and Africa
7. 55 kilometers an hour
8. hibernate in the soft earth
9. size of a house cat
10. stiffens its legs, stamps its feet, and raises its tail and sprays a bad-smelling liquid

Page 39 : Trouver des renseignements
Les mots à encercler :
1. canetons
2. sur le sol près de l'eau
3. par un matin de gelée ou de rosée
4. volent des œufs et des poulets
5. l'un des animaux les plus dangereux
6. dans les jungles de l'Inde et de l'Afrique
7. cinquante-cinq kilomètres à l'heure
8. hiberne dans la terre meuble
9. taille d'un chat
10. elle raidit ses pattes, trépigne, lève la queue et projette un liquide nauséabond

Page 40: Observing Sequence
4, 9, 1, 7, 2, 6, 8, 3, 5

Page 41 : Constituer des suites ordonnées
4, 9, 1, 7, 2, 6, 8, 3, 5

Page 42: Observing Sequence
1. dawn, morning, noon, afternoon, dusk, night
2. Sunday, Monday, Tuesday, Wednesday, Thursday, Friday, Saturday
3. spring, summer, fall, winter

Page 43 : Constituer des suites ordonnées
1. aube, matin, midi, après-midi, crépuscule, nuit
2. dimanche, lundi, mardi, mercredi, jeudi, vendredi, samedi
3. printemps, été, automne, hiver

Page 44: Observing Sequence
1. Then, First
2. First, Then
3. Then, First
4. Then, First
5. First, Then
6. Then, First
7. First, Then
8. Then, First
9. Then, First
10. First, Then
11. First, Then
12. Then, First
13. First, Then
14. Then, First

Page 45 : Constituer des suites ordonnées
1. Ensuite, D'abord
2. D'abord, Ensuite
3. Ensuite, D'abord
4. Ensuite, D'abord
5. D'abord, Ensuite
6. Ensuite, D'abord
7. D'abord, Ensuite
8. Ensuite, D'abord
9. Ensuite, D'abord
10. D'abord, Ensuite
11. D'abord, Ensuite
12. Ensuite, D'abord
13. D'abord, Ensuite
14. Ensuite, D'abord

Page 46: Following Directions
1. apple
2. cat
3. school
4. boat
5. star
6. ice cream

Page 47 : Suivre des instructions
1. pomme
2. chat
3. école
4. bateau ou canot
5. étoile
6. glace

Page 48: Following Directions
Yellow Butterflies:
boom, squeak, noise, honk, clang, bang

Green Butterflies:
salty, sour, sweet, bitter, spicy

Red Butterflies:
drum, tree, bird, duck

Page 49 : Suivre des instructions
Papillons jaunes :
grondement, grincement, bruit, fracas, claquement, cri

Papillons verts :
salé, aigre, sucré, amer, épicé, fort

Papillons rouges :
tambour, arbre, oiseau, canard

Page 50: Following Directions
1. The word *milk* in the box
2. A trunk is drawn in the box
3. The circle is white.
4. The word *mane* in the box
5. The box is white.
6. A tree is in the circle.
7. Nothing is in the box.
8. A mask is drawn in the box.
9. Nothing is in the circle.

Page 51 : Suivre des instructions

1. Le mot *lait* dans l'encadré.
2. Dessiner une trompe dans l'encadré.
3. Le cercle reste blanc.
4. Le mot *crinière* dans l'encadré.
5. L'encadré reste blanc.
6. Dessiner un arbre dans le cercle.
7. Ne rien dessiner dans l'encadré.
8. Dessiner un masque dans l'encadré.
9. Ne rien dessiner dans le cercle.

Page 52: Understanding Vocabulary

1. blink	2. ceiling	3. kid
4. alive	5. wallet	6. swoop
7. cupboard	8. cub	9. thread
10. prize	11. penny	12. arrive
13. chapter	14. save	15. pitch

Page 53 : Comprendre le vocabulaire

1. cligner	2. plafond	3. chevreau
4. plonger	5. portefeuille	6. piquer
7. vaisselier	8. ourson	9. fil
10. prix	11. sou	12. arriver
13. chapitre	14. économiser	15. lancer

Page 54: Understanding Vocabulary

1. exit	2. plan	3. oars
4. soot	5. scare	6. carry
7. asked	8. enjoy	9. prize
10. return	11. travel	12. prince
13. palace	14. hurried	

Page 55 : Comprendre le vocabulaire

1. suie	2. prix	3. hâte
4. rames	5. sortir	6. invité
7. prince	8. palais	9. revenir
10. voyager	11. effrayer	12. planifier
13. apprécier	14. transporter	

Page 56: Understanding Vocabulary

A)
1. small	2. woman	3. slow
4. crooked	5. sold	6. happy

B)
1. awake	2. lowest	3. nowhere
4. tie	5. boy	6. father

C)
1. poor	2. close	3. few
4. slowly	5. cold	6. none

D)
1. up	2. answered	3. old
4. give	5. sell	6. evening

Page 57 : Comprendre le vocabulaire

A)
1. petit	2. femme	3. lent
4. crochu	5. vendu	6. heureux

B)
1. éveillé	2. pire	3. nulle part
4. attacher	5. garçon	6. père

C)
1. pauvre	2. fermer	3. peu
4. lentement	5. froid	6. rien

D)
1. haut	2. répondu	3. vieux
4. donner	5. vendre	6. soir

Page 58: Understanding Vocabulary

1. won, one	2. blew, blue
3. Where, wear	4. their, there
5. see, sea	6. here, hear
7. to, two, too	8. read, red

Page 59 : Comprendre le vocabulaire

1. encre, ancre	2. a, à
3. Ça, sa	4. des, dès
5. Mes, mais	6. ont, on
7. peu, peux	8. ballet, balai